LA SOUVERAINETÉ

DU PEUPLE.

PAR F. LIGER,

ARCHITECTE,

Membre de la Société de la Conservation des Monuments
historiques de France.

ROUEN.

Typographie de H. RIVOIRE, rue St-Étienne-des-Tonneliers, 1.

—

1848.

LA SOUVERAINETÉ DU PEUPLE.

La souveraineté du peuple est le droit du pouvoir dévolu au peuple collectif par les lois de la nature.

La raison nous démontre que nul individu n'a par lui-même le droit du pouvoir souverain. Aucune fraction du peuple ne peut, non plus, s'attribuer elle-même ce droit, plutôt qu'une autre fraction qui aurait les mêmes prétentions.

Cette démonstration rationnelle et métaphysique, porte avec elle le cachet de l'évidence comme cette vérité : deux et deux font quatre.

Il s'ensuit donc de cette conséquence

forcée : qu'au peuple seul, pris collectivement, appartient le droit au pouvoir souverain.

Le peuple, par sa nature constitutive,
c'est-à-dire par disposition et dans les des-
seins de Dieu, est donc seul maître et ar-
bitre du pouvoir. — Comme il ne peut l'exercer que par représentation, il le délègue
comme il lui plaît, à un ou plusieurs mandataires.

Tel est le système tout simple de la souveraineté du peuple, si naturel, si légitime,
si calomnié et si dénaturé par les fauteurs de
l'absolutisme.

Nous examinerons la nature et les conditions que doit avoir la délégation du peuple
à ses mandataires, pour être reconnue réelle
et vraie, et non fictive. Nous parlerons ensuite des mandataires eux-mêmes.

La Souveraineté du Peuple..... Que les
oreilles timides des amis de l'ordre ne
s'alarment point au son de ce grand
mot... quoiqu'il ait servi de prétexte pour
commettre de grands excès. Mais que les
hommes sages cherchent à reconnaître son
vrai sens et toute sa signification, car il
arrive souvent qu'on abuse des mots pour
dénaturer l'objet qu'ils désignent et qu'on
fausse ainsi les idées.

Le peuple est souverain, c'est-à-dire que le droit du pouvoir réside réellement dans le peuple pris collectivement ; en d'autres termes, le pouvoir n'appartient qu'au peuple, qui seul a le droit de le déléguer à qui il lui plaît.

Qui pourrait soutenir le contraire ? Dirait-on que tel ou tel individu peut avoir le droit par lui-même ?... Impossible d'avouer cette prétention, le bon sens s'y oppose. Chacun, au contraire, sent intérieurement qu'il ne peut lui-même s'attribuer le pouvoir. S'il en était ainsi, chaque ambitieux se mettrait en ligne et se ferait chef de parti. Tout le monde aurait ce droit. Nous sentons que c'est aussi absurde que contraire à la raison.

Il faut donc qu'un ou plusieurs individus quelconques soient investis du pouvoir par une autorité quelle qu'elle soit. Or, quelle peut être cette autorité, si ce n'est le peuple ? Dira-t-on que ce peut être un certain nombre de gens notables ? Mais ces gens notables, de qui tiennent-ils eux-mêmes leurs pouvoirs, si ce n'est du peuple ? Ils ne sont qu'une faction ou une coterie. Une autre faction, une autre coterie peut s'élever contre elle avec le même droit. On tombera dans le même cas , dans la même confusion.

Si donc nul individu ne possède par lui-même le droit du pouvoir, pas plus qu'une coterie ou une fraction, il faut donc bien convenir que ce droit ne peut appartenir qu'au peuple pris collectivement. Donc la souveraineté du peuple ne peut être contestée.

Mais le peuple , ne pouvant exercer le pouvoir que par représentation , doit le déléguer à un ou plusieurs mandataires. Toute prétention au pouvoir par une autre voie est une usurpation. Impossible de contredire cette vérité ; mais le plus grand problême est de trouver le moyen d'assurer à cette délégation toute la sincérité , de sorte qu'elle soit bien réellement la véritable expression du vœu du peuple.

Ce moyen n'est pas si difficile qu'on pourrait peut-être le croire.

D'abord, voyons qui est le peuple. Ce ne sont point les grands , les princes , les souverains... ce ne sont point les bourgeois , les avocats, les hommes à intrigue.... ce ne sont point les brouillons , les pillards, les incendiaires , les faiseurs d'émeutes pris isolément.

Le peuple, c'est tout le monde ; c'est surtout la partie saine, sage et calme qui reste ordinairement dans ses foyers, parce qu'elle fuit les intrigues. C'est cette portion la plus notable qu'il importe de faire entrer dans la composition du corps populaire. Enfin, toutes les classes en font partie, sans exception et sans préférence.

Actuellement, il s'agit de connaître le vœu général. La voie du vote individuel est le seul moyen d'y parvenir. Toutes les mesures doivent tendre à assurer *la vérité* de ce vote. Pour cet effet, il faut commencer par prévenir et faire taire toutes les influences, toutes les manœuvres des intrigants qui troublent et dénaturent les opérations du vote. Il faut, à tout prix, éloigner ces espèces de gens qui sont la plaie des peuples et les plus dangereux ennemis du bien public, parce que leur cœur, accessible à la corruption, ne vit que d'égoïsme et ne saurait connaître le dévouement pour la chose publique.

Pour s'en défaire, il ne faut qu'une bonne loi qui condamne les intrigants et les corrupteurs à la privation de leur droit d'électeur ou d'éligible pour un temps, outre la peine particulière de répression, comme la prison, etc. Usez de ce moyen, usez-en

franchement , sans faiblesse et sans partia-
lité , vous verrez disparaître le grand et
unique obstacle sérieux qui s'oppose à la
connaissance du vœu réel du peuple. Il ne
nous restera qu'à faire une loi règlemen-
taire , sagement conçue , pour fixer le mode
des opérations électorales. La rédaction de
cette loi est d'autant plus facile , qu'il en
existe une , éprouvée par l'expérience, dont
on peut profiter, sauf les changements jugés utiles à y faire.

Actuellement , passons à la disposition
intérieure du pays. La France changera ou
non la division de son territoire ; mais , en
tout cas , il faut qu'elle opère une subdivi-
sion dans ses communes.

— Que chaque commune se divise en
autant de sections qu'il y a de centaines
d'habitants.

— Que dans chaque section on inscrive
les noms de tous les citoyens, à partir de
tel âge (par exemple , vingt-cinq ans), sans
aucune exception ; mais , en notant les alié-
nés et les gens notoirement connus par une
immoralité scandaleuse , qui peuvent être
supprimés par un conseil nommé *ad hoc*.

— Que les citoyens qualifiés *électeurs de
section* nomment un représentant de cette
section , qu'on nommera *délégué de section,*

et un adjoint appelé *subdélégué de section*, qui remplacera le délégué en toute absence.

— Que ces délégués de section soient eux-mêmes électeurs de communes. Mais pour amener une simplification aux élections subséquentes, qu'ils opèrent l'organisation suivante :

« Cinq sections les plus rapprochées se
« réuniront en formant un *quartier* de la
« commune (qui aura cinq cents habi-
« tants) ; après la formation des quartiers,
« si le reste comprend plus d'une section,
« il formera un dernier quartier. Les délé-
« gués des cinq sections d'un quartier se
« nommeront un président à la majorité
« des suffrages ou par le tirage au sort, si
« cette majorité est dissoute. Ce président,
« qui est un des cinq membres, votera seul
« aux élections ; mais il sera assisté de qua-
« tre autres délégués qui formeront son
« conseil. Il sera forcé de suivre la majorité
« des avis de ce conseil.

« Si les avis du conseil sont partagés
« deux par deux, le président détermine la
» majorité dans le côté où il se range, de
« sorte que son vote soit toujours con-
« forme à la majorité du conseil, ce qui
« sera constaté par une pièce authentique. »
Cette marche établie, la base des élec-

tions est posée. La raison, aujourd'hui, n'en connaît pas de plus solide. Le reste ne sera plus qu'accessoire et marchera tout seul.

— Que les électeurs communaux, convoqués au chef-lieu de la commune, nomment dans la commune même un *candidat à la députation* pour la réunion cantonale.

— Que les mêmes électeurs, convoqués au chef-lieu du canton, nomment un *candidat député* sur le nombre des candidats à la députation présentés par les communes. Ce *candidat député* du canton servira pour la réunion de l'arrondissement, à former la liste définitive des candidats pour la nomination d'un député.

— Que les électeurs communaux, convoqués au chef-lieu d'arrondissement, arrêtent la liste définitive des candidats, qui se forme des *candidats députés* de tous les cantons ; qu'ensuite ils procèdent à la nomination définitive d'un député pris sur cette liste. Ils peuvent lui donner un adjoint destiné à le remplacer au besoin. Il y aura un seul ou plusieurs députés par arrondissement. Les députés formeront un corps législatif, mandataire du peuple, analogue à la chambre des députés de 1830. Les pouvoirs seront fixés. Ils contribueront à nommer les chefs de l'état, de concert avec l'autre corps, dont il va être parlé. Les électeurs et les députés sont nommés pour trois ans.

Tel est, selon nous, le meilleur système électoral possible pour sauvegarder les droits et les intérêts du peuple ; car, on ne peut en disconvenir, le système qui vient de tomber n'était qu'une duperie et une mystification.

Que le peuple comprenne bien toute l'importance d'une opération qui lui garantit ou lui enlève son droit au pouvoir ; car c'est pour lui la liberté ou l'esclavage ; c'est pour lui une question de vie ou de mort. Rien ne doit donc égaler son activité à surveiller le maintien de son droit.

Tout citoyen ingéré au pouvoir sans la délégation vraie du peuple, est un usurpateur. Or, le crime d'un usurpateur est d'avoir enlevé au peuple son droit de souveraineté, c'est-à-dire tout ce qu'il a de plus cher.

Un souverain régnant ainsi sur un peuple par usurpation, traiterait de criminel d'état, et punirait comme tel, du dernier supplice, un citoyen qui tenterait de le détrôner. Néanmoins, ce citoyen serait moins coupable que le souverain, car dans l'hypothèse, le souverain a usurpé un droit qui était la vraie propriété du peuple, et que le citoyen ne voudrait enlever au souverain qu'un droit qui ne lui appartient qu'à titre d'usurpation. En d'autres termes, le citoyen en question vole un voleur ; il prend au voleur ce que ce dernier avait volé. Mais le souverain, lui, avait volé au peuple un bien qui était propre bien de ce peuple ; qu'on saisisse bien toute la force de ce raisonnement.

Mais, direz-vous, un souverain qui règne par droit de succession, n'est pas dans ce cas. Il est au pouvoir, il est vrai, en vertu d'une loi de l'état, qui accorde le droit d'hérédité dans cette famille. C'est légalement qu'il occupe le trône, il ne l'a point usurpé, il lui est échu par droit de succession.

Mais qu'est-ce que cette loi de l'état qui a concédé le droit d'hérédité ? Nous la donnez-vous comme un droit du peuple ? ou bien comme un fait de courtisans ou de partisans ? Si elle est de la façon d'un parti en faveur de son chef, sans la sanction du peuple, ce n'est qu'un acte d'injustice et de duperie, tendant à sanctionner l'usurpation, sous le masque de la légalité. Pour l'ordinaire, ce n'est pas autre chose. Mais si vous prétendez que cette loi de l'état est autorisée par le peuple et le résultat de son vœu, je vous demanderai la preuve et le titre de cette sanction ; faute par vous de me produire cette preuve et ce titre, je vous dirai que vos raisons et votre loi ne sont qu'un leurre , à l'aide duquel on perpétue l'usurpation. Nous devons seulement reconnaître un fait : c'est que le souverain régnant par hérédité n'a pas la même culpabilité que celui qui a lui-même usurpé le pouvoir. Etant né dans cette position , il n'est coupable que, lorsque ayant examiné et reconnu sa fausse position et l'illégalité de ses droits, il ne rend pas au peuple son propre droit , en lui faisant émettre son vœu pour la délégation du pouvoir.

Mais enfin , dira-t-on, le peuple a quelquefois accordé et sanctionné le droit de succession au trône. En tous cas, il a le droit de le faire, il peut le faire.

Recueillons ici toute notre attention , examinons cette objection froidement et franchement. Nous touchons à un point décisif; là est tout le nœud de notre débat, là est la solution du problême qui met en question le sort des peuples. Faisons donc un examen consciencieux des deux propositions suivantes :

— 1° *Le peuple a quelquefois sanctionné le droit de succession au trône ;*

— 2° *En tous cas le peuple peut sanctionner ce droit.*

La première proposition est-elle bien constatée? Est-il bien vrai que jamais un droit de succession au trône ait été véritablement consenti et approuvé par le vœu réel du peuple agissant librement, spontanément, avec connaissance de cause, sans influence ni contrainte aucune? Qu'un vœu du peuple avec toutes ces conditions, ait accordé, sans restriction, à une famille, le droit de régner sur lui à perpétuité, sans savoir ni s'inquiéter si le premier ou le deuxième rejeton ne sera pas un idiot, ou un méchant, ou un persécuteur acharné? Est-ce bien là le fait d'un être doué de raison? Non, assurément. Une telle sanction est aussi moralement incroyable, qu'il est physiquement incroyable que le soleil ne se lèvera pas demain à son heure ordinaire. Si une loi physique règle le cours du soleil, l'homme aussi est régi par une loi morale qui l'empêche d'agir contre lui-même, volontairement et sciemment.

Mais venons à la seconde proposition. Je commence par la nier tout simplement. Je dis que le peuple n'a pas le droit de disposer du pouvoir, en faveur d'une famille, à perpétuité. Il est bien vrai que le droit du pouvoir appartient au peuple ; mais ce n'est pas à tel peuple ; ni au peuple de telle époque. C'est au peuple de tous les temps , de tous les siècles, que ce droit appartient. Qu'on comprenne bien ceci. Tel peuple peut bien et doit jouir du droit du pouvoir , mais il ne peut l'aliéner au préjudice du peuple qui lui succédera. Le peuple actuellement jouissant n'est qu'un usufruitier. Il ne peut aliéner le droit à son successeur. Le peuple d'aujourd'hui n'est point le peuple de demain ; le premier ne peut disposer des droits du second. Cette preuve métaphysique est assez claire , et assez forte par elle-même pour n'avoir pas besoin d'autre démonstration.

Le peuple *actuel* , nous le répétons, peut donc et doit user de son droit de souveraineté , et l'exercer souverainement , en le déléguant comme il lui plaît, à un ou plusieurs mandataires ; mais, encore une fois, il ne peut enlever le même droit au peuple qui lui succédera , car il détruirait la loi éternelle de la Providence , qui donne au peuple seul le droit du pouvoir.

Le prétendu droit d'hérédité au trône n'est donc qu'une dérision et une tromperie ; il est également contraire à la raison et à la justice. — A la raison , parce que l'héritier du trône, fût-il aveugle, insensé, ou méchant ou cruel par caractère, est malgré tout appelé à régner, héritant de la souveraineté comme on hérite d'un champ ou d'un meuble. — A la justice, parce que le souverain absolu exerce un droit qui ne lui appartient point. C'est une duperie exploitée par les rois contre les peuples;... elle a trouvé sa fin dans les grands événements qui viennent de s'accomplir.

Des trois pouvoirs qui doivent composer l'action du gouvernement.

Le meilleur gouvernement est sans doute celui où plusieurs pouvoirs dirigés par un principe central et une action unique, se soutiennent et s'équilibrent réciproquement, sans possibilité d'envahissement l'un sur l'autre; ou du moins retenus chacun dans sa sphère par tous les moyens de prudence humaine. — Toujours est-il que chacun de ces corps doit être véritablement mandataire du peuple, en vertu d'une délégation réelle et non fictive.

Ainsi tous les pouvoirs de la souveraineté doivent se résumer dans trois corps :

1° Un premier corps de l'état, permanent, nommé à vie par le peuple, et aussi inamovible; mais sans successibilité. Ce corps, je le nomme *grand conseil d'équité*. Il se compose d'autant de membres qu'il y a de provinces; sa destination est de veiller sans cesse à la sûreté de l'état et au bien public. Il exerce la souveraineté et jouit de tous les pouvoirs et prérogatives du chef de l'état, durant tout le temps de la vacance du siége. Il contribue à la nomination du régent, de concert avec le corps des députés, et, aussitôt son installation, il lui remet tous les pouvoirs et cesse de s'ingérer aux affaires de l'état.

2° Un deuxième corps, appelé corps national législatif des députés, nommé aussi par le peuple, pour trois ans; il se compose d'autant de membres qu'il y a d'arrondissements; ses fonctions ont pour objet la législation, le vote et le réglement du budget, l'examen et la discussion des pétitions; il contribue à la nomination du régent; — ses autres attributions seront fixées par une loi;

3° Enfin, un chef de l'état ou gouvernant unique, appelé régent, qui est nommé pour un an par les deux corps susdits, pour exercer le pouvoir exécutif. Le régent est chef suprême de l'état. Il fait les grandes nominations, il commande les armées de terre et de mer, préside à l'administration,

à la police et à la politique intérieure et ex-
térieure ; enfin il exerce les pouvoirs d'un
roi constitutionnel, étant soumis à la constitution ; mais son pouvoir expire au bout
d'un an, à moins qu'il ne soit renouvelé
pour un an par les deux corps ci-dessus.

Aussitôt que le siége est vacant, le grand
conseil d'équité prend de droit les rênes du
gouvernement, de sorte qu'il n'y a ni interrègne, ni interruption de ministère. Incon-
tinent, il procède, de concert avec l'autre
corps, à la nomination d'un nouveau régent qui, à l'issue de son installation, re-
prend le pouvoir et la souveraineté que le
grand conseil d'équité cesse d'exercer durant tout le temps que le siége est occupé
par le régent.

Telle est, selon nous, l'essence de ce gouvernement, qui est le plus parfait qu'un
peuple puisse se donner.

Il présente tous les avantages de la répu-
blique romaine, avec plus d'équilibre et
d'harmonie entre les pouvoirs et moins de
cabales dans les provinces pour la nomination d'un chef d'état.

Il a une grande sympathie entre les
meilleurs gouvernements appelés représen-
tatifs, moins les mauvaises conséquences
de la successibilité qui peut amener sur le

trône un insensé, ou un méchant, ou le
scandale d'une jeune fille qui ne connaît
que la toilette et les plaisirs de la jeunesse,
ou le danger d'un ambitieux qui peut con
cevoir le dessein d'une usurpation.

Ce gouvernement présente toute la stabi-
lité de la monarchie, sans en avoir les in-
convénients. Il a l'immense avantage de ne
point avoir à redouter les abus de l'absolutisme et les licences démocratiques. Il ôte
et annule tout motif de troubles au sujet de
la succession au trône. Il ferme toute issue
aux coupables manœuvres des ambitieux,
puisque, d'une part, le siége n'est jamais
vacant, et que, de l'autre, il ne peut être
occupé que par l'élu des deux corps, mandataires du peuple.

On voit que les trois pouvoirs se contre-
balancent, et qu'il serait moralement impossible à l'un d'eux de tenter un envahissement sur les autres, leurs pouvoirs respec-
tifs étant délimités, comme on verra plus en
détail ci-après. Il serait aussi difficile à chacun de tenter une usurpation.

Premièrement, le corps national législatif ne peut y songer; la nature de son institution y prête le moins des trois, comme
on voit; il serait contenu par les deux autres corps qui, par leur action même, ne

peuvent lui laisser de prétention à ce sujet.

Secondement, le régent, quoique investi du pouvoir suprême, ne peut songer raisonnablement à l'absolutisme; dans le fait, il n'est que premier ministre. Ses fonctions durent trop peu de temps : tout à l'heure il retombe entre les mains des deux corps qui en disposent à leur gré. Il n'aurait qu'une voie où courir la chance, ce serait de se faire un parti dans l'armée; mais on verra ailleurs que des mesures prises à ce sujet lui rendent encore ce moyen impossible.

Troisièmement, enfin le grand conseil d'équité, cette souveraineté permanente, où réside indéfiniment le pouvoir que le peuple lui a délégué, aurait peut-être le plus de facilité à s'emparer du pouvoir absolu. Nous allons entrer à cet égard dans une plus ample explication de sa nature et de sa constitution, pour faire voir que toute tentative d'usurpation ne lui serait guère plus facile.

Il est bien vrai que les membres du grand conseil d'équité sont nommés à vie (savoir : un par province) par les délégués du peuple, réunis au chef-lieu de la province; mais ils ne peuvent être nommés avant quarante-cinq ans, et ils sont remplacés à soixante. Ainsi, tous les trois ans, il y a probabilité de quelques nouvelles nominations, qui seront le résultat du vœu populaire. Ainsi ce corps, quoique inamovible, sera cependant renouvelé dans l'espace de quinze ans, circonstance qui lui conservera perpétuellement des sympathies avec le peuple. La raison morale de leur âge sera aussi une garantie de sagesse et de fidélité dans les membres de ce corps, qui, on le suppose, seront choisis parmi les plus sages de la nation. Toutes ces garanties morales ont un poids immense.

Aussitôt, le siége du régent vacant, le grand conseil d'équité a l'obligation d'en donner avis sur-le-champ au gouverneur (1) (ou préfet) de chaque province, en lui enjoignant de convoquer les députés pour la nomination d'un régent. Si, au bout de dix jours de vacance du siége, l'ordre et l'avis du grand conseil ne sont pas parvenus au gouverneur, ce dernier a le droit et le devoir de convoquer les députés d'office.

Si la vacance du siége a lieu durant le cours de la session, il est clair que les députés présents n'ont pas besoin de convocation. Ils agissent d'office, en vertu de leur mandat.

Aussitôt la réunion des députés et dans la

______

(1) Voyez les attributions du gouverneur ci-après.

première huitaine de la vacance, si la session dure, les deux corps se concertent pour la nomination d'un régent.

Chacun de ces deux corps présente un candidat.

Si le choix tombe sur le même sujet, ou si l'un des corps renonce à son droit en ne présentant pas de candidat, celui qui est présenté par l'autre corps est nommé de droit.

Mais si les choix tombent sur deux sujets en concurrence, et que chacun tienne au sien, alors les deux corps prennent un délai de quinze jours pour s'entourer de tous les renseignements convenables. Après ce délai, les deux corps se concertent de nouveau, et si aucun des deux ne veut renoncer à son candidat, le sort en décide. Celui des deux corps qui refuserait le tirage au sort, renoncerait par cela même à son candidat, et l'autre serait nommé de droit. Mais ce refus doit être constaté.

Ce simple énoncé du mode de nomination du régent fait voir, sinon l'impossibilité, du moins l'extrême difficulté qu'aurait le grand conseil d'équité de s'emparer de la souveraineté, si toutefois on peut jamais supposer cette idée à un corps composé d'un aussi grand nombre de membres, à un corps aussi grave, dont la sagesse, la maturité de l'âge et même l'intérêt personnel sont une garantie de fidélité et de dévouement aux institutions de l'état.

Organisation et Attributions.

LE RÉGENT.

Le régent est le chef suprême de l'état ; sa personne est inviolable durant l'exercice de ses fonctions ; le pouvoir exécutif lui est attribué ; il commande les forces actives de terre et de mer ; il nomme les fonctionnaires de l'état, hors le ressort des gouverneurs, les généraux d'armée et les officiers supérieurs ; il nomme aussi les juges, mais cette nomination doit être acceptée par le grand conseil d'équité.

Il fait les traités de paix, d'alliance et de commerce et déclare la guerre ; mais ces traités et déclarations sont soumis à l'approbation du conseil d'état, et communiqué au grand conseil d'équité.

Il fait les règlements et ordonnances pour

la police intérieure et pour la promulgat·on et exécution des lois ; il les adresse aux gouverneurs.

Le régent nomme des ministres ;

Il concourt à la sanction de la loi. Toute loi qui n'est pas acceptée par le régent et par le grand conseil d'équité est remise à une autre session ;

Il lui est alloué une pension personnelle. Les dépenses de sa gestion sont au compte de l'état et soumises aux règles du budget.

La régence, en règle générale, part du 1ᵉʳ janvier et finit le 31 décembre suivant ; mais, avant ce terme, chaque année, elle peut être prolongée d'un an par le corps des députés, du consentement du grand conseil d'équité. L'opposition de l'un des corps à cette promulgation doit être motivée et fondée, cependant la prolongation ne peut se renouveler plus de quatre années, la régence expirant nécessairement au bout de cinq ans.

Il institue aussi une assemblée de douze membres, formant un conseil appelé *conseil d'état*. Ces membres sont choisis dans l'élite des diverses branches de l'administration, du barreau, des sciences ou de l'industrie, et leur nomination est approuvée par le grand conseil d'équité.

Le conseil d'état est consulté par le régent dans tous les cas difficiles et importants.

LE GRAND CONSEIL D'ÉQUITÉ.

Le grand conseil d'équité se compose d'autant de membres qu'il y a de provinces (ou de départemens) en France; il se divise en autant de sections ou bureaux qu'il y a de principaux foyers d'affaires.

Ce conseil est inamovible.

Quoique les membres soient nommés à vie; néanmoins, après l'âge de soixante ans, un membre étant réputé inapte aux travaux actifs, cesse d'avoir voix délibérative; alors il est remplacé, mais le conseil peut le laisser siéger comme membre honoraire et user de ses avis.

Le grand conseil d'équité est le premier corps de l'état, le premier et principal élément du gouvernement, la souveraineté permanente du peuple. Sa mission spéciale est de veiller sans cesse à la sûreté de la société. Il est, de fait et de droit, dépositaire et gérant du pouvoir exécutif en l'absence ou vacance du régent, dont il exerce toute l'autorité et les prérogatives. Mais au moment où le régent est installé, le grand conseil lui confère sa gestion et ses pou-

2

voirs, et cesse de s'ingérer aux affaires. Ainsi il n'y a ni interrègne, ni interruption de ministère.

Le grand conseil d'équité est en permanence perpétuelle. Il tient tous les jours une séance, excepté le dimanche. Deux fois la semaine au moins, cette séance est constatée par un procès-verbal.

Toute absence est autorisée par le président et ne peut se prolonger au-delà du temps strictement nécessaire. Plus d'un cinquième des membres ne peut s'absenter à la fois.

Le grand conseil d'équité, sans cesse à la recherche des abus de pouvoir, des plaintes et des besoins du peuple, des faits et actes qui se passent au sein du corps social et peuvent y exercer de l'influence, entretient dans ce but une correspondance continue avec les conseils d'équité de province.

Il a le droit de faire des représentations au régent dans l'intérêt public, comme il est de son devoir de lui fournir au besoin des renseignements utiles.

Il peut publier la critique d'un acte d'administration ou même d'une ordonnance, s'il croit y voir une injustice qu'il aurait essayé de prévenir; mais il doit le faire avec une telle réserve et prudence, que jamais on ne puisse y soupçonner un autre motif que le désir du bien.

Le grand conseil d'équité se divise en autant de sections qu'il juge nécessaire pour les divers foyers d'affaires. Chaque section se nomme un vice-président.

Un membre du grand conseil d'équité ne peut être arrêté que par l'ordre de ce conseil et jugé que par lui.

LE CORPS NATIONAL DES DÉPUTÉS.

Les députés sont nommés pour trois ans. Ils sont convoqués au chef-lieu de l'état par le régent ou le grand conseil d'équité, ordinairement pour le 15 novembre. La session qui commence à cette époque ne se termine point sans motif avant le 15 juin suivant. C'est toujours le régent qui ordonne la clôture.

Cette assemblée contribue à la nomination du régent ; elle vote l'impôt, discute et règle le budget, et paye les comptes des ministres. Elle reçoit et mentionne publiquement toute pétition présentée par écrit. Elle se forme en sections ou bureaux pour l'examen préliminaire des projets de loi qu'elle discute avant d'établir et arrêter le texte de la loi.

Ce corps a le droit de dénoncer les ministres, et même le régent, pour crime de haute trahison et concussion. Cette dénonciation est signifiée au conseil d'état, qui donne son avis sur la certitude des faits et remet les pièces entre les mains du grand-conseil, qui porte le jugement.

Un député ne peut exercer d'autres fonctions ; il recevra une paye de l'état.

Il ne peut être ni poursuivi ni arrêté durant la session, que sur l'autorisation du corps dont il fait partie, ni jugé que par le grand conseil d'équité, sur l'avis du conseil d'état.

Les Ministres.

Les ministres sont nommés par le régent ou par le grand conseil d'équité.

Ils ne peuvent remplir d'autres fonctions. — Ils forment un conseil ayant un président, et sont responsables de leurs faits personnels.

Le Conseil d'État.

Le conseil d'état est formé et nommé par le régent, avec l'approbation du grand conseil, conformément à ce qui a été dit.

Le conseil sera un auxiliaire pour le régent et ses ministres. Ses attributions seront réglées par une loi.

L'Ordre Judiciaire.

La justice se rend au nom du chef de l'état, par des juges nommés par le régent, sur l'avis du conseil d'état, et avec le consentement du grand conseil d'équité.

Les juges sont inamovibles.

L'ordre judiciaire actuel est maintenu et ne peut être changé que par une loi.

Nul ne peut être distrait de ses juges naturels.

L'institution du jury est maintenue dans son principe. Une loi établira les modifications nécessitées par le changement d'ordre social.

L'accusé produit librement tous ses moyens de défense, soit par lui-même, soit par un représentant ou défenseur : mais tout discours oratoire est interdit dans le cours de l'instruction, qui sera faite avec simplicité sur le rapport des parties et des témoins et sur le vu des pièces. Le juge, après le débat des parties et l'appréciation de tous les faits, tirera une conclusion claire et précise, dégagée de toute phrase oratoire. L'accusé sera admis à s'expliquer dans la même forme.

Les juges ou le jury prononceront.

Tout citoyen inculpé et ensuite jugé innocent, a droit à une indemnité au moins égale à la perte éprouvée, et en outre à un dédommagement pécuniaire.

L'ordre militaire.

L'armée ancienne étant dissoute, il sera sur-le-champ nommé une commission pour régler la nouvelle organisation militaire.

L'armée active est aux ordres du régent. Les milices locales sont régies par les règlements et sous la direction du gouverneur. Mais si elles devenaient actives pour repousser une invasion étrangère, alors elles passeraient aux ordres du régent.

Il n'y a d'autres titres pour parvenir aux grades que le mérite et la capacité.

Les titres anciens seront considérés, pourvu que des justifications attestent qu'ils ont été accordés au mérite et non à la faveur et aux priviléges de la richesse.

Il sera décerné des récompenses, soit en nature et valeur, soit en marques d'honneur, aux militaires signalés par de belles actions.

Conseils d'équité.

Des conseils d'équité sont institués dans toutes les communes, à l'instar du grand conseil d'équité, dont ils seront les auxiliaires, de sorte qu'il y aura autant de conseils d'équité que de mairies.

Ils se composent, savoir :

Dans le chef-lieu de province (ou de département) de cinq membres ; dans le chef-lieu d'arrondissement de quatre membres ; dans le chef-lieu de canton et les simples communes de trois membres. L'un d'eux aura le titre de président par l'effet des suffrages ou du tirage au sort.

Les conseils d'équité nommés par les délégués de section, ont la mission spéciale de veiller au bon ordre social, en faisant la recherche des abus et des besoins, et les signalant aux fonctionnaires et aux autorités.

Le conseil d'équité du chef-lieu d'arrondissement a le droit de donner la publicité, par voie de la presse, à la critique d'une mauvaise administration ou sujet analogue, dans le ressort de son arrondissement, en signalant les abus. Mais cette critique publique doit être rare, circonspecte, toute rationnelle et précédée de tentatives personnelles pour prévenir le mal en question.

Les conseils d'équité correspondent, savoir :

Les conseils de canton et des communes, avec le conseil chef-lieu d'arrondissement ; ce dernier avec le conseil chef-lieu de la province, et le conseil du chef-lieu de province avec le conseil suprême. Néanmoins, dans un cas important et pressant, le conseil d'arrondissement peut correspondre directement avec le grand conseil d'équité.

Un membre des conseils d'équité ne peut être arrêté et mis en jugement sans l'autorisation du conseil d'équité de la hiérarchie supérieure. Le conseil d'équité du chef-lieu de province n'a de supérieur que le grand conseil d'équité.

Le gouverneur de province (ou préfet).

Le gouverneur de province (ou de département) est sous la direction du régent pour les affaires générales et communes, la promulgation des lois et ordonnances, le contingent de l'impôt qui revient à l'état, le contingent de l'armée, la correspondance, l'administration générale corrélatrice avec l'état.

Mais il régit lui-même la province, sans relever d'autorité supérieure, pour tout ce qui concerne la gestion et l'administration intérieure, a moins d'une loi de l'état. — Il nomme aux emplois, fait les règlements de police, d'ordre et d'administration par des statuts, sous le titre *d'arrêtés,* qui ont force de loi dans la province.

Le gouverneur nomme un conseil administratif provincial, dont chaque membre a la direction d'une branche d'affaires, à l'instar du ministère de l'état. Tout arrêté est contresigné par le membre du conseil que le genre d'affaire concerne.

Tout acte ou arrêté du gouverneur qui e-rait taxé d'injustice, de vexation ou d'abus de pouvoir intéressant le public ou un particulier, peut être déféré par le conseil d'é-quité de l'arrondissement qui a connaissance du fait, au régent, par l'intermédiaire du grand conseil d'équité. Le régent ayant soumis l'examen de cette affaire au conseil d'état, approuve ou condamne l'acte, confirme ou annule l'arrêté par une ordonnance qui a force de loi.

Le gouverneur ne peut être arrêté ou poursuivi que sur l'autorisation du régent, ni jugé que par le grand conseil d'équité, sur l'avis du conseil d'état.

L'Intendant, le Maire.

L'intendant (ou sous-préfet) administre l'arrondissement sous la direction du gouverneur. Il veille, par l'intermédiaire des maires, à la bonne gestion des affaires et au maintien de l'ordre dans toutes les communes.

Le maire, agissant sous la direction de

l'intendant, est constamment actif à expédier la correspondance et les affaires qui intéressent la commune; il veille au bon ordre, et prend dans l'intérêt public des arrêtés qui ont force de loi dans la commune, lorsqu'ils sont approuvés par l'intendant et visés par le gouverneur.

L'intendant, le maire, le membre du conseil de commune, et le membre du conseil d'arrondissement ou de province, ne pourront être poursuivis durant l'exercice de leurs fonctions, sans l'autorisation du gouverneur, ni jugés que par le conseil administratif de la province, ou le conseil d'état.

Tel est le genre de gouvernement qui seul peut garantir les peuples de l'anarchie et du despotisme, et leur assurer la conservation de leurs droits. Mais que le législateur se pénètre bien de cette maxime : *Sans religion et sans morale, pas de société possible.*

Que tout ce qu'il y a d'honnêtes gens en France se rallie aux principes que nous venons d'exposer et ne forment plus qu'un seul faisceau, et le salut de la France est assuré.

Hommes sages et consciencieux de tous les rangs, quittez vos préjugés, étudiez sincèrement ces principes, étudiez-les sans amour-propre, sans égoïsme, c'est-à-dire sans consulter votre propre intérêt de préférence; mais le bien public avant tout, en prenant pour guide la raison dans tout son calme et la justice liée à la charité fraternelle.

Imp. de H. RIVOIRE.

www.ingramcontent.com/pod-product-compliance
Lightning Source LLC
Chambersburg PA
CBHW051744050726
47598CB00003B/1329